AF194993

Impressum
Verlag: BABADADA GmbH, Nedderfeld 112 , 22529 Hamburg
Geschäftsführer / Verlagsleitung: Harald Hof
Druck: Books on Demand GmbH, In de Tarpen 42, 22848 Norderstedt

Imprint
Publisher: BABADADA GmbH, Nedderfeld 112 , 22529 Hamburg, Germany
Managing Director / Publishing direction: Harald Hof
Print: Books on Demand GmbH, In de Tarpen 42, 22848 Norderstedt

shule

ليكول

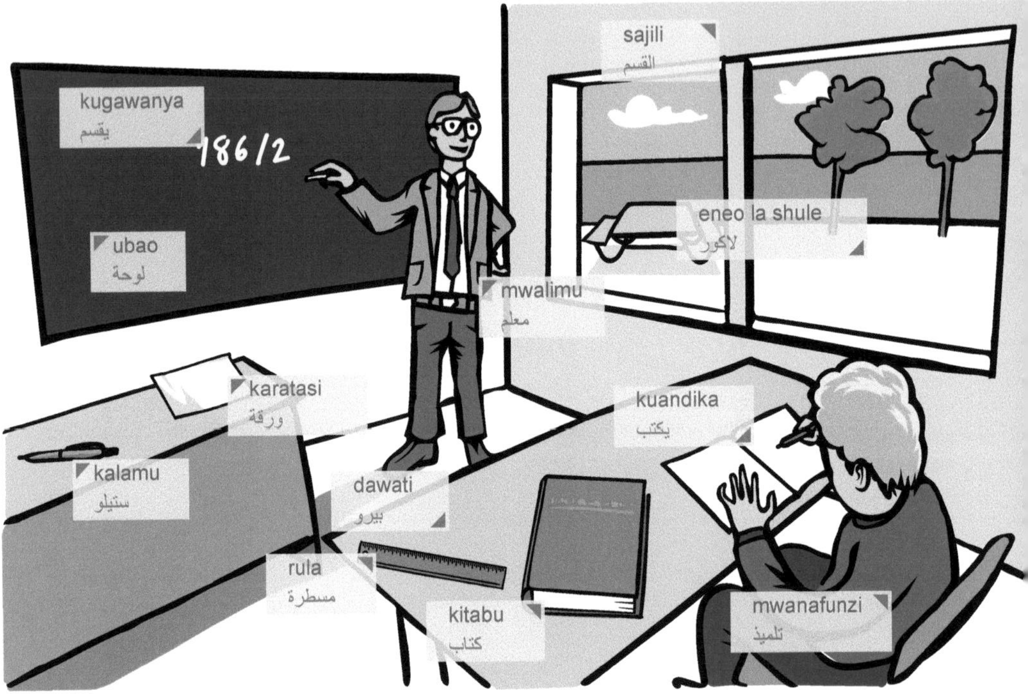

sajili
القسم
kugawanya
يقسم
186/2
ubao
لوحة
eneo la shule
لاكور
mwalimu
معلم
karatasi
ورقة
kuandika
يكتب
kalamu
ستيلو
dawati
بيرو
rula
مسطرة
kitabu
كتاب
mwanafunzi
تلميذ

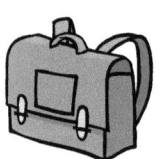

mkoba
كرطاب

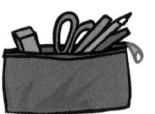

kikasha cha penseli
المقلمة

penseli
قلم الرصاص

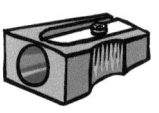

kichonga penseli
منجارة

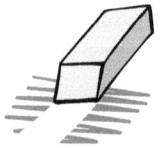

mpira
ممحا

pedi ya kuchora
الكايي تاع الرسم

uchoraji

الرسم

brashi ya rangi

البانسو

sanduku la rangi

باتير

mkasi

مقص

gundi

كولا

daftari

كايي تاع التمارين

kazi ya nyumbani

الواجبات

nambari

النيميرو

jumlisha

يجمع

ondoa

يطرح

zidisha

يضرب

kokotoa

يحسب

barua

الحرف

alfabeti

الحروف

neno

كلمة

maandishi

النص

kusoma

يقرا

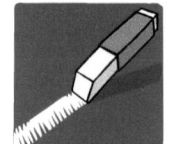

chaki

طباشير

somo

الدرس

sajili

دفتر المدرسي

uchunguzi

ليقزاما

cheti

سرتفيكا

sare za shule

اللبة تاع ليكول

elimu

التعليم

elezo

ليكسيك

chuo kikuu

الجامعة

darubini

المجهر

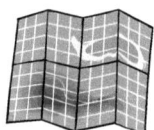

ramani

الخريطة

kikapu cha kuweka karatasi chafu

بوبال

usafiri
فواياج

hoteli
اوتال
Grand
hosteli
بيت الشباب
ROOMS
EXCHANGE
ofisi ya ubadilishanaji
بيرة تاع الصرف
sanduku
فاليزة
gari
لولو

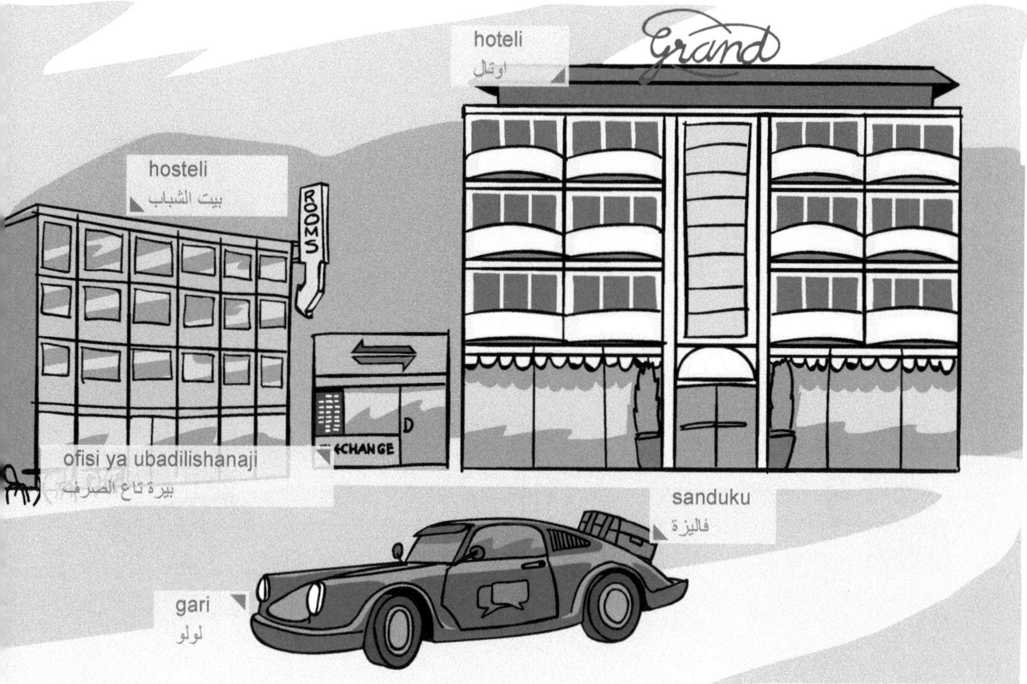

lugha

اللغة ليقصدها

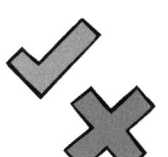

ndiyo / la

واه / لا

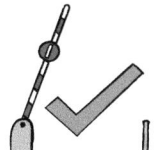

sawa

صحا

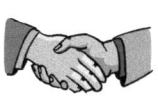

hujambo

مرحبا

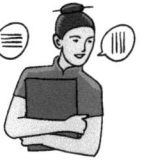

mtafsiri

طرجمان

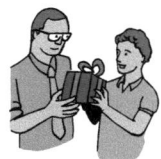

Asante

صحيت

kiasi gani ni ...?

شحال السومة؟

Sielewi

مفهمتش

tatizo

مشكيلة

Jioni njema!

مسلخير

Habari za asubuhi!

صباح لخير

Usiku mwema!

تصبح بخير

kwa heri

بسلامة

mwelekeo

ديركسيو

mizigo

الباقاج

mfuko

ساك

shanta

ساكادو

mgeni

ضيف

chumba

شمبرا

begi la kulalia

ساك تاع رقاد

hema

خيمة

taarifa ya utalii

استعلامات سياحية

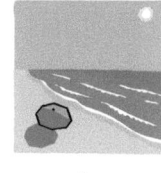

ufuo

بحر

kadi

كارطة ناع الكريدي

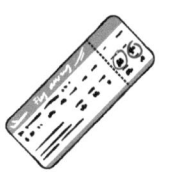

kifunguakinywa

فطور الصباح

chakula cha mchana

الفطور

chakula cha jioni

العشا

tiketi

التيبي

kuinua

أسونسير

muhuri

تامبر

mpaka

الحدود

mila

الديوانة

ubalozi

سقارة

visa

فيزا

pasipoti

باسبور

usafiri

نقل

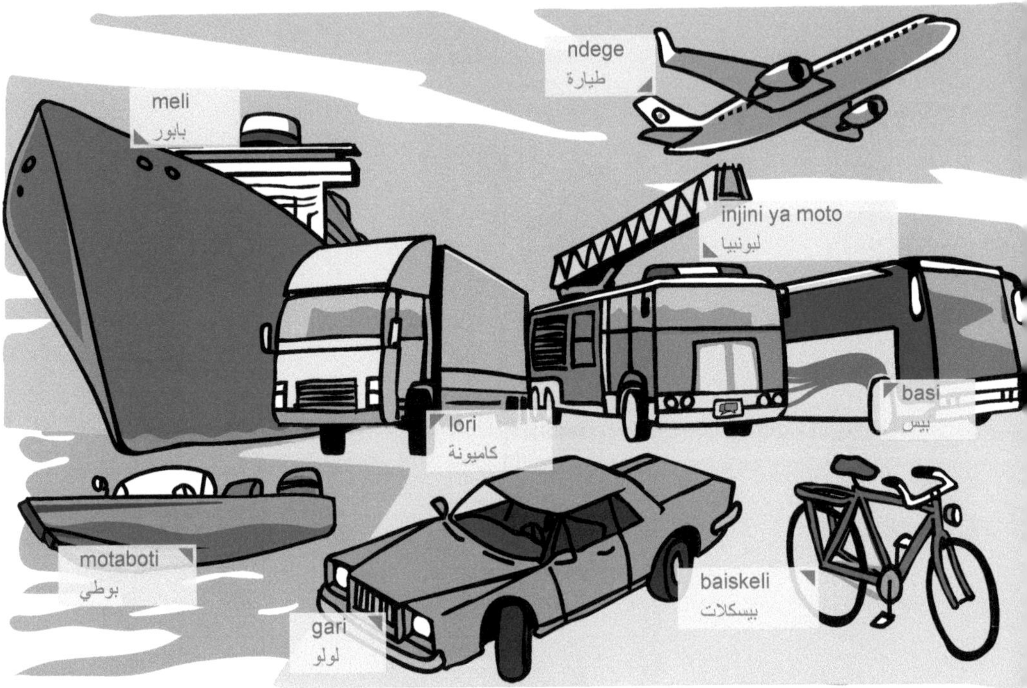

ndege
طيارة
meli
بابور
injini ya moto
لبونبيا
basi
بيس
lori
كاميونة
motaboti
بوطي
baiskeli
بيسكلات
gari
لولو

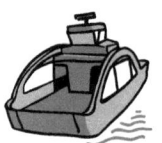

feri

بابو

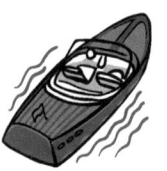

mashua

بوطي

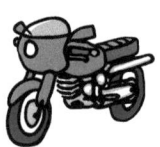

pikipiki

موطو

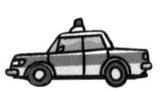

gari la polisi

لوطو تاع لابوليس

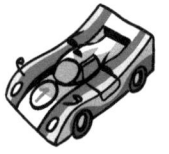

gari la mashindano

لوطو تاع السيباق

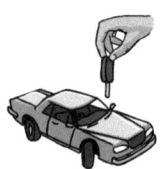

gari la kukodisha

لوطو تاع كرية

kushiriki gari

لواطا تاع كرية

lori la kuvuta

كرومور

ukusanyaji taka

كاميو تاع الزبل

motor

موتور

mafuta

ليسونس

kituo cha mafuta

ستاسيون

ishara trafiki

بانو

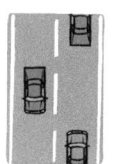

trafiki

ترافيك

msongamano

سركالة

maegesho

باركينغ

kituo cha treni

لاقار

reli

السبيكة

garimoshi

قطار

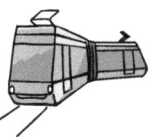

tremu

ترام

gari la mizigo

فاغون

helikopta

اليكبتار

uwanja wa ndege

مطار

mnara

تور

abiria

مسافر

chombo

كونتنار

katoni

كرطونة

mkokoteni

شاريو

kikapu

سلة

ondoka

يقلع / يهود

jiji

مان

kijiji

قرية

katikati ya jiji

البلاد

nyumba

دار

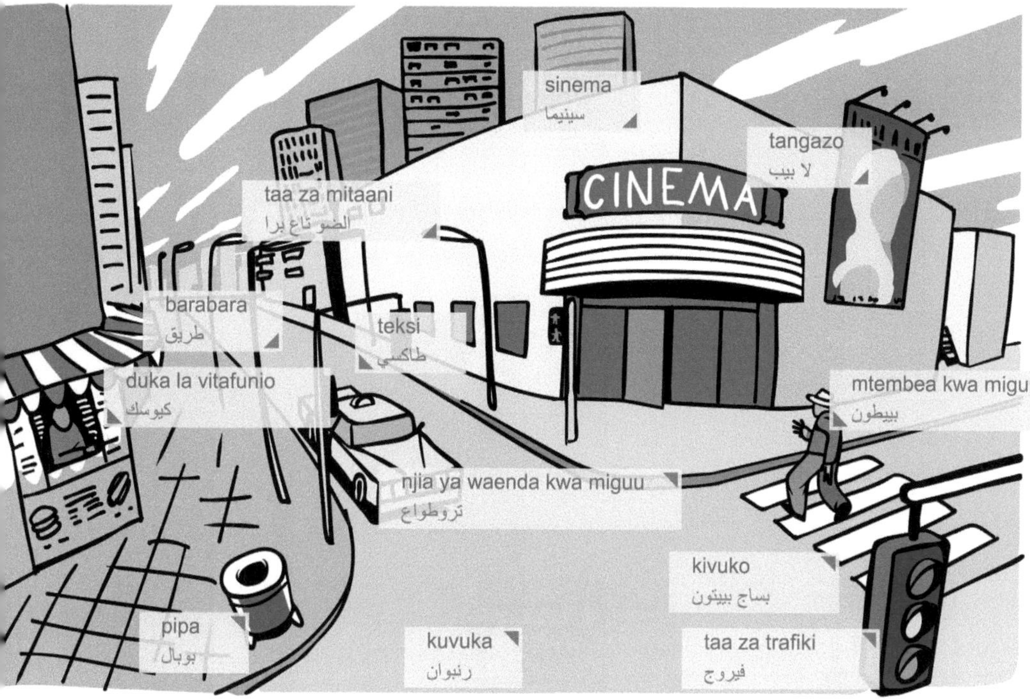

sinema
سينيما
tangazo
لا بيب
CINEMA
taa za mitaani
الضو تاع برا
barabara
طريق
teksi
طاكسي
duka la vitafunio
كيوسك
mtembea kwa miguu
بييطون
njia ya waenda kwa miguu
تروطواع
kivuko
بساج بييتون
pipa
بوبال
kuvuka
رنبوان
taa za trafiki
فيروج

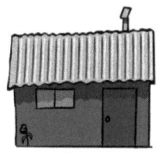

kibanda

كوخ

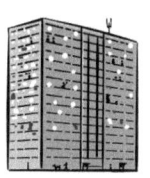

gorofa

برطمان

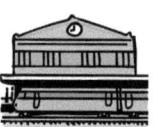

kituo cha treni

لاقار

ukumbi wa mji

لاميري

MUSEUM

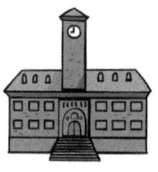

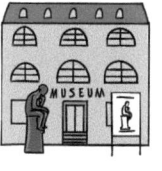

Makavazi

متحف

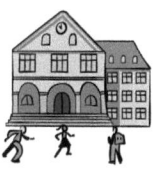

shule

ليكول

chuo kikuu

الجامعة

benki

بانكة

hospitali

سبيطار

hoteli

اوتال

duka la dawa

فارماسي

ofisi

بيرو

duka la kitabu

مكتبة

duka

حانوت

duka la maua

فلوريست

dukakuu

سوبرات

soko

مرشي

idara ya kuhifadhi

حانوت كبير

mwuza samaki

مسمكة

kituo cha ununuzi

سونتر كومرسيال

bandari

المينا

Hifadhi

بارك

benki

بنك

daraja

جسر

vidato

درج

chini ya ardhi

ميترو

handaki

نالونت

kituo cha mabasi

لاري تاع البيس

bar

بار

mgahawa

مطعم

sanduku la posta

صندوق البريد

ishara ya barabara

البانوات

mita ya maegesho

مقياس زمن الوقوف

bustani ya wanyama

حديقة حيوانات

kidimbwi cha kuogelea

بيسين

msikiti

جامع

shamba

فيرما

uchafuzi

التلوث

makaburini

مقبرة

kanisa

كنيسة

uwanja wa michezo

بارك

hekalu

معبد

mazingira

الريف

jani
ورقة

ishara ya mwelekeo
بانو

njia
طريق

malisho
مرج

jiwe
حجرة

mti
شجرة

mtembeaji wa masafa
رحالة

mto
نهر

nyasi
حشيش

ua
زهرة

bonde

واد

kilima

جبل

ziwa

بحيرة

msitu

غابة

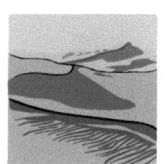

jangwa

صحرا

volkano

بركان

ngome

شاطو

upinde wa mvua

قوس قزح

uyoga

فطر

mtende

نخلة

mbu

ناموسة

kuruka

ذبابة

chungu

نملة

nyuki

نحلة

buibui

رتيلة

mende

خنفوس

chura

جرانة

kuchakuro

سنجاب

nungunungu

قنفود

sungura

قنينة

bundi

بومة

ndege

زاوش

swan

بجعة

nguruwe mwitu

حلوف

kulungu

عزالة

aina ya kongoni

إلكة

bwawa

سد

tabo ya upepo

الطاحونة

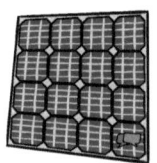

nishaji ya jua

خلية شمسية

hali ya hewa

كليما

mgahawa

مطعم

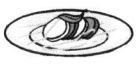

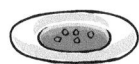

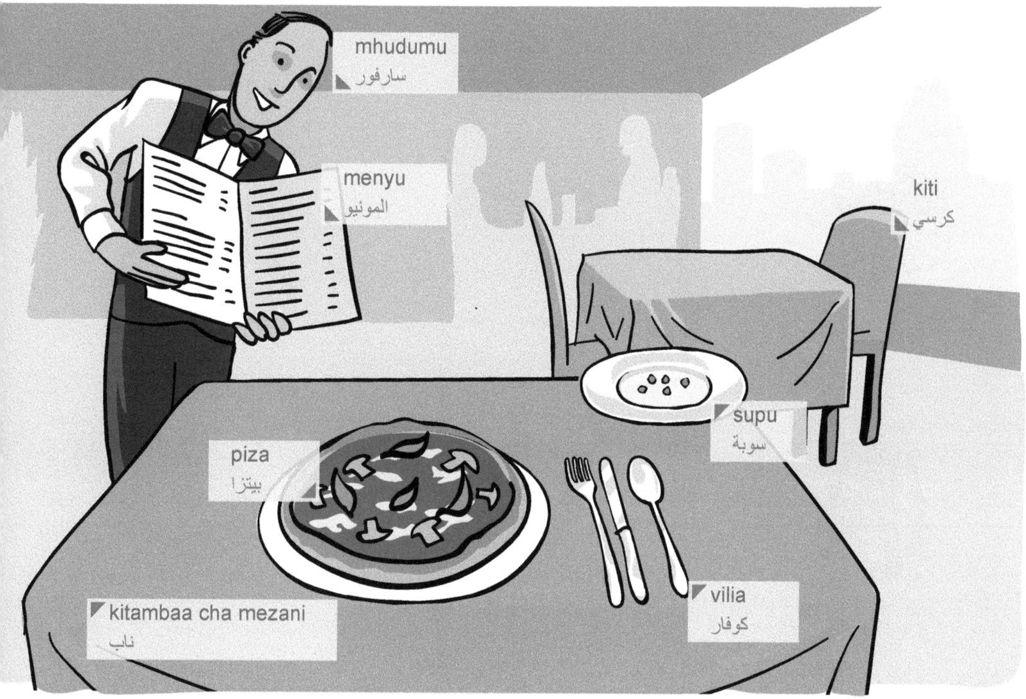
mhudumu
سارفور
menyu
المونيو
kiti
كرسي
supu
سوبة
piza
بيتزا
vilia
كوفار
kitambaa cha mezani
ناب

kiamsha hamu

اوردوفر

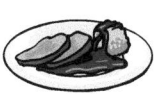

kozi kuu

الطبق الرئيسي

kitindamlo

ديسار

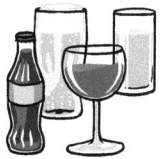

vinywaji

مشروبات

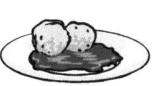

chakula

ماكلة

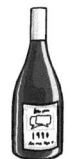

chupa

القرعة

chakula cha haraka

فاست فود

Streetfood

ماكلة نديه معايا

buli

براد اتاي

kisanduku cha sukari

سكرية

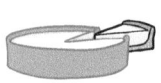

sehemu

طرف

mashine ya espresso

ماشينة تاع اكسبريسو

kiti kirefu

كرسي عالي

muswada

فاتورة

trei

سني

kisu

خدمي

uma

فرشيطة

kijiko

مغيرفة

kijiko cha chai

مغيرفة تاع لاتاي

nepi

سربيتة تاع الطابلة

glasi

كاس

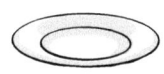

sahani

طبسي

sahani ya supu

بول

sufuria

طبسي تاع الفنجال

mchuzi

لاصوص

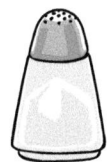

kichanyaji chumvi

القوطي تاع الملح

kinu cha pilipili

طحان تاع الحرور

siki

خل

mafuta

زيت

viungo

ليزيبيس

kechapu

كتشوب

haradali

موطارد

kachumbari nzito

مايونيز

dukakuu

سوبرات

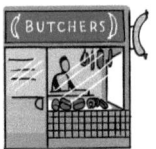

ofa maalum
بروموسيو
FOR
mteja
كلويون
maziwa
مشتقات الحليب
matunda
فاكية
toroli
شاريو

BUTCHERS

mchinjaji
بوشي

BAKERY

mwokaji
بولونجي

uzito
يوزن

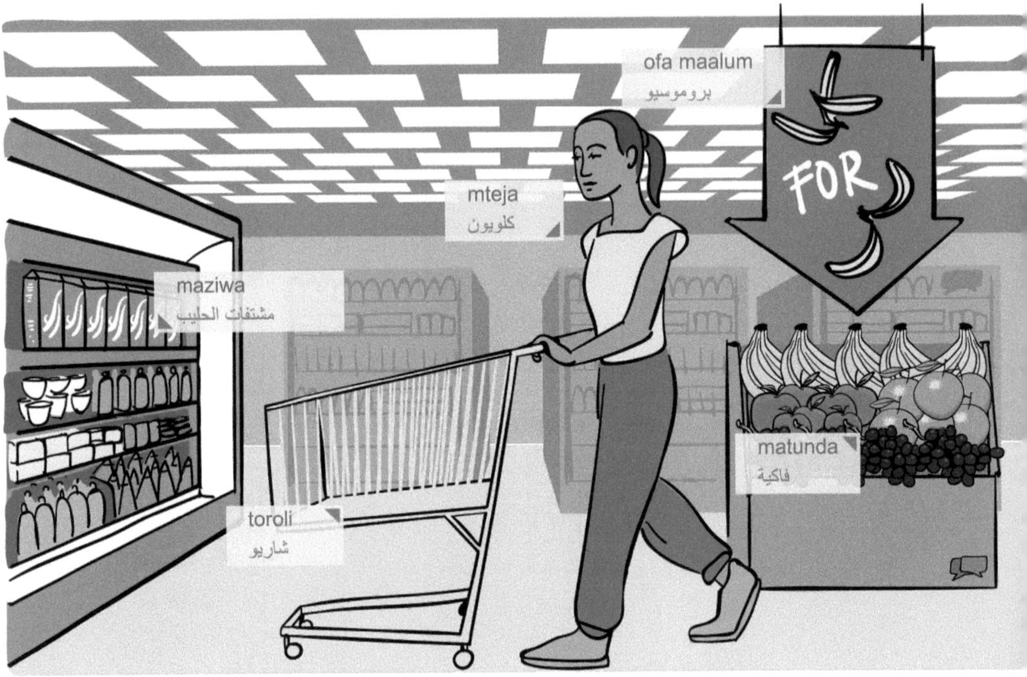

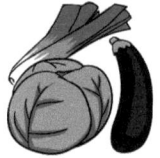

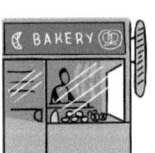

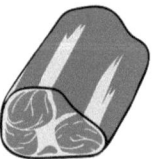

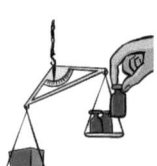

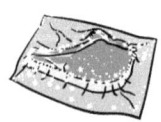

mboga
خضار

nyama
لحم

chakula waliohifadhiwa
سيرجولي

vipande vya nyama baridi

كاشير

chakula cha kopo

كونسارف

sabuni ya unga

الاومو تاع لغسيل

pipi

الحلويات

bidhaa za kaya

صوالح الدار

bidhaa za kusafisha

ديتارجو

mtu mauzo

فوندوز / خدامة فالحانوت

mpaka

لاكاس

keshia

كاسمي

orodha ya manunuzi

ليبستا تاع الشري

masaa ya ufunguzi

سوايع الخدمة

mkoba

تزدامت

kadi

كارطة ناع الكريدي

mfuko

ساك

mfuko wa plastiki

بورسة

maji

الماء

sharubati

جو

maziwa

حليب

coke

كوكا

mvinyo

الشراب

bia

البيرة

pombe

شراب

kakao

كاكاو

chai

لاتاي

kahawa

قهوة

spreso

اكسبرينسو

kapuchino

كابوتشينو

ndizi

بانانة

tufaha

تفاح

machungwa

تشينا

tikiti

بطيخ

lemon

ليم

karoti

كروطة / زرودية

kitunguu saumu

ثوم

mianzi

بانبو

kitunguu

بصل

uyoga

شانبينيو

karanga

بندق

nudo

ليبيات

spageti

سباقيتي

mpunga

روز

saladi

سلاطة

vibanzi

ليفريت

viazi vya kukaanga

ليفريت

piza

بيتزا

hambaga

هانبورقر

sandwichi

سندويش

kipande

اسكالوب

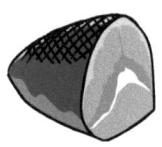

paja la mnyama

لحم الحلوف

salami

سامي

soseji

مرقاز

kuku

جاجة

choma

لحم مشوي

samaki

حوت

oats ya uji

شوفان

muesli

موسلي

cornflakes

كورن فلكس

unga

فرينة

kroisanti

كرواسون

andazi

خبيزة

mkate

الخبز / كسرة

mkate wa kubanika

خبز محمر

biskuti

بيسكوي

siagi

زبدة

maziwa mgando

لبن

keki

قاطو

yai

بيض

yai kukaanga

بيض مقلي

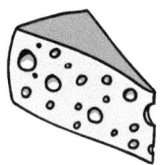

jibini

فرماج

aiskrimu

لاكرام

sukari

سكر

asali

عسل

jemu

كونفتير

kuenea kwa chokoleti

نوقا

mchuzi wa viungo

الكاري

shamba
فيرما

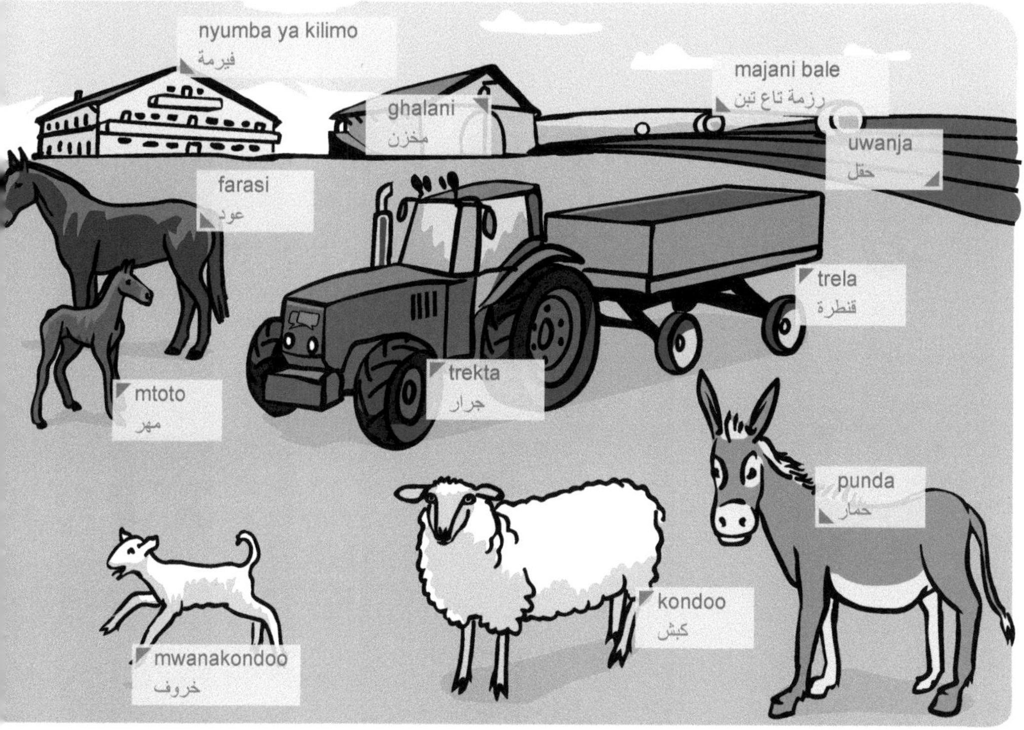

nyumba ya kilimo
فيرمة
majani bale
رزمة تاع تبن
ghalani
مخزن
uwanja
حقل
farasi
عود
trela
قنطرة
trekta
جرار
mtoto
مهر
punda
حمار
kondoo
كبش
mwanakondoo
خروف

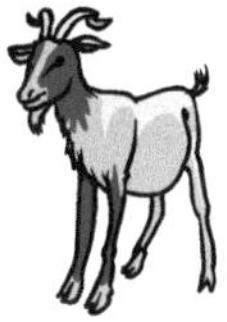

mbuzi

معزة

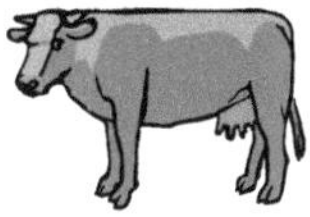

ng'ombe

بقرة

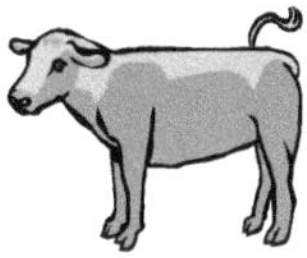

ndama

عجل

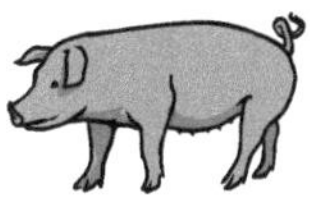

nguruwe

حلوف

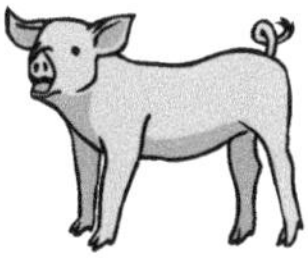

mwananguruwe

حلوف صغير

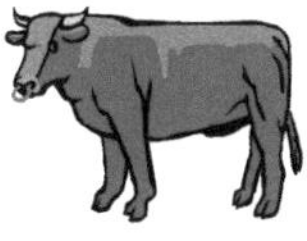

fahali

طورو

batabukini

وزة

bata

بطة

kifaranga

فلوس

kuku

جاجة

jogoo

سردوك

panya

طوبا

paka

قطة

panya

فأر

ng'ombe

ثور

mbwa

كلب

nyumba ya mbwa

دار الكلب

bomba la bustani

تيبو

debe la kumwagilia maji

إبريق

fyekeo

منجل

kulima

محراث

mundu

منجل

jembe

الفاس

uma wa nyasi

مذراة الزبل

shoka

شاقور

toroli

برويطة

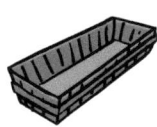

kupitia nyimbo

معلف

chombo cha maziwa

قابة تاع حليب

gunia

ساشيا

ua

سياج

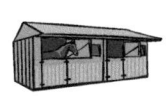

imara

صطبل

chafu

بوطاجي

udongo

تراب

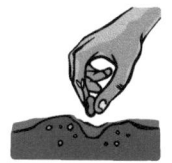

mbegu

بذور

mbolea

سماد

kivunaji

حصادة

mavuno

يحصد

mavuno

الغلة

viazi vikuu

بطاط

ngano

قمح

soya

صويا

viazi

بطاطا

mahindi

مابيس

rapa

سلجم

mti wa matunda

شجرة تاع فاكية

muhogo

منيهوت

nafaka

الخبوب

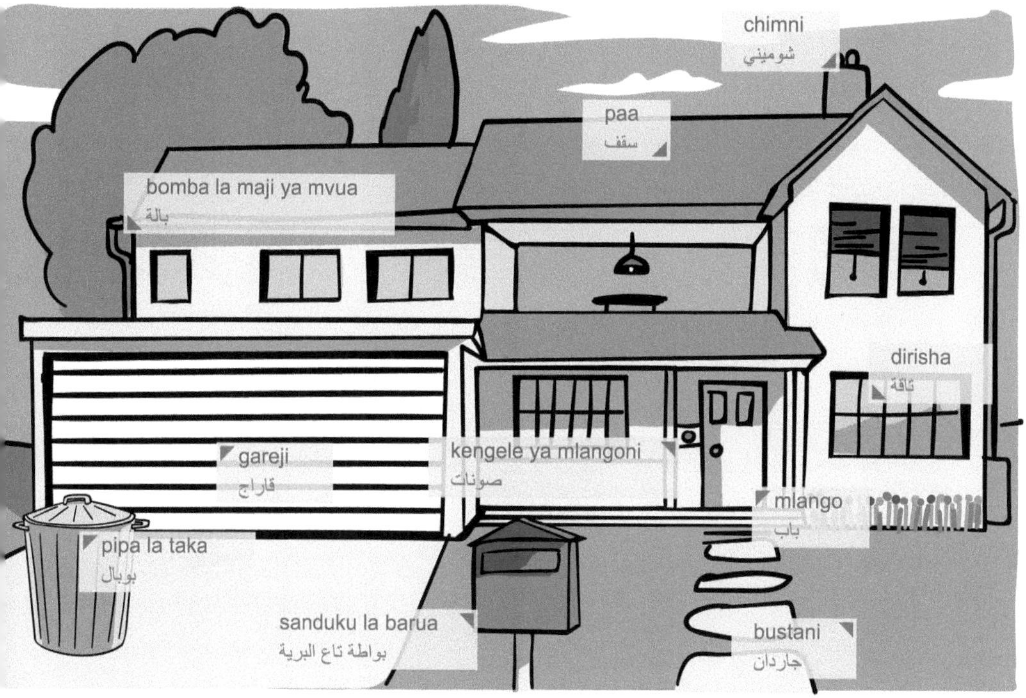

chimni
شوميني

paa
سقف

bomba la maji ya mvua
بالة

dirisha
نافذة

gareji
قاراج

kengele ya mlangoni
صونات

mlango
باب

pipa la taka
بوبال

sanduku la barua
بواطة تاع البرية

bustani
جاردان

sebuleni

صالون

bafu

الحمام

jikoni

كوزينا

chumba cha kulala

شامبرا تاع رقاد

chumba ya mtoto

شمبرا تاع ذراري

chumba cha kulia

صالة مونجي

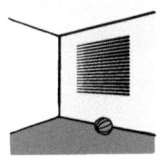

sakafu

لرض

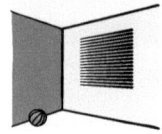

ukuta

حيط

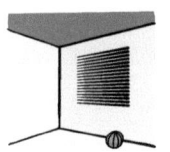

dari

بلافو

pishi

كافا

sauna

سونا

roshani

بالكون

mtaro

تيراسة

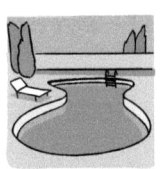

kidimbwi

بيسين

mashine ya kukata nyasi

جزارة تاع حشيش

karatasi

ااوس

kitambaa cha kupamba
kitanda

كووات

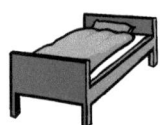

kitanda

ناموسية

ufagio

مصلحة

ndoo

بيدو تاع صليح

kubadili

انتغيتور

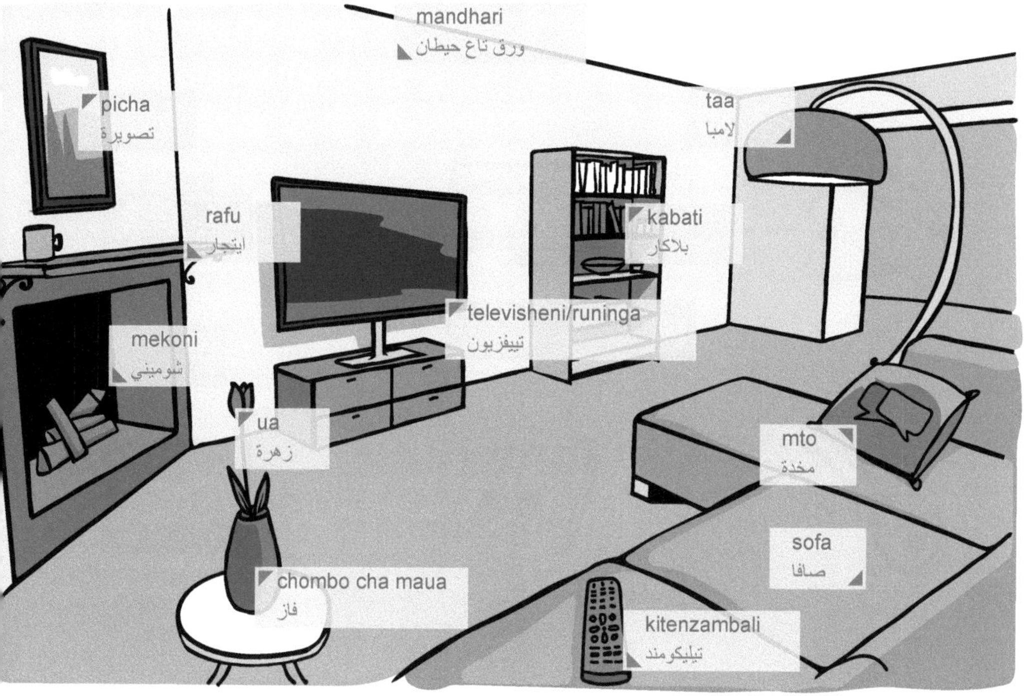

mandhari
ورق تاع حيطان

picha
تصويرة

taa
لامبا

rafu
 اينجار

kabati
بلاكار

mekoni
شوميني

televisheni/runinga
تيفزيون

ua
زهرة

mto
مخدة

chombo cha maua
فاز

sofa
صافا

kitenzambali
تيليكومند

zulia

طابي

pazia

ريدو

meza

طابلة

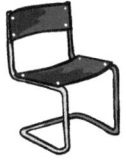

kiti

كرسي

kiti cha bembea

كرسي بيبوجي

armchair

فوتاي

kitabu

كتاب

blanketi

طوفيرطة

mapambo

زواق

kuni

الحطب

filamu

فيلم

kifaa cha hi-fi

الستيريو

ufunguo

مفتاح

gazeti

جرنان

uchoraji

كادر

bango

بوستار

redio

راديو

daftari

كناش

kifyonza

اسبيراتور

dungusi kakati

صبار

mshumaa

شمعة

jikoni
كوزينا

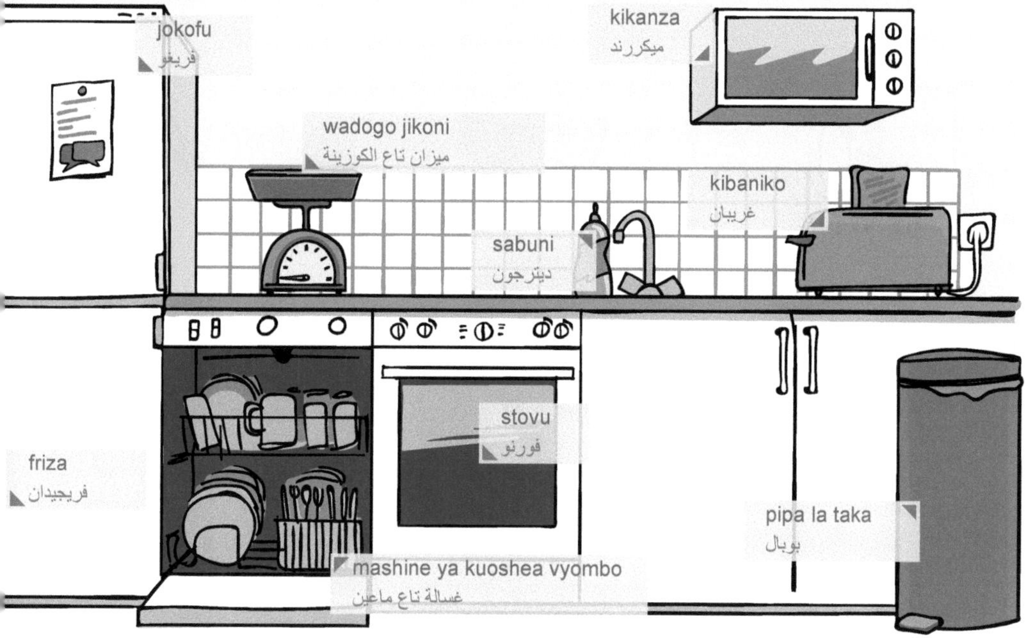

jokofu
فريغو
kikanza
ميكررند
wadogo jikoni
ميزان تاع الكوزينة
kibaniko
غريبان
sabuni
ديترجون
stovu
فورنو
friza
فريجيدان
pipa la taka
بوبال
mashine ya kuoshea vyombo
غسالة تاع ماعين

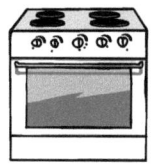

jiko la kupika

الفور

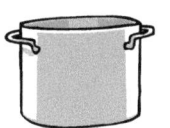

chungu

قدرة

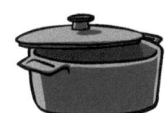

sufuria ya chuma

مرميطا

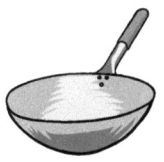

wok / kadai

طاوة غامقة

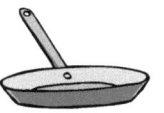

kaango

مقلة

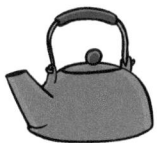

birika

غلاية

stima

قدرة

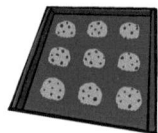

sinia ya kuoka

سيني

vyombo vya udongo

ماعين

kombe

قوبلي

bakuli

طبسي

vijiti vya kulia

مطارق تاع الماكلة

ukawa

لوشة

mwiko mpana

سباتولة

burashi

الضرابة

kichujio

كسكاس

chujio

صفاية

mbuzi

راب

chokaa

مهراز

barbeque

شواية

moto wazi

موقد

ubao wa majaribio

بلونشا

kijiti cha kusukuma unga

رولو

kizibuo

الحلال

kopo

قابسة

inaweza kopo

الحلال

kishikio cha chungu

كتان

karo

لافابو

brashi

بروسة

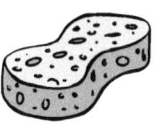

sifongo

بونجة

kisagaji matunda

الخلاط

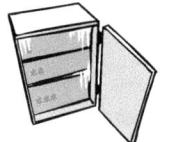

friji ya kina

فريغو

chupa ya mtoto

بيبرونة

bomba

سبالة

bafu

الحمام

joto
شوفاج
taulo
سربيتة
mfereji wa kuogea
دوش
pazia la kuogea
ريدو تاع لادوش
maji ya kuoga yenye povu
حمام بالرغوة
hodhi
بنوار
glasi
كاس
mashine ya kuosha
غسالة تاع حوايج
bomba
سبالة
vigae
كرلاج
poti
لبو
karo
لافابو

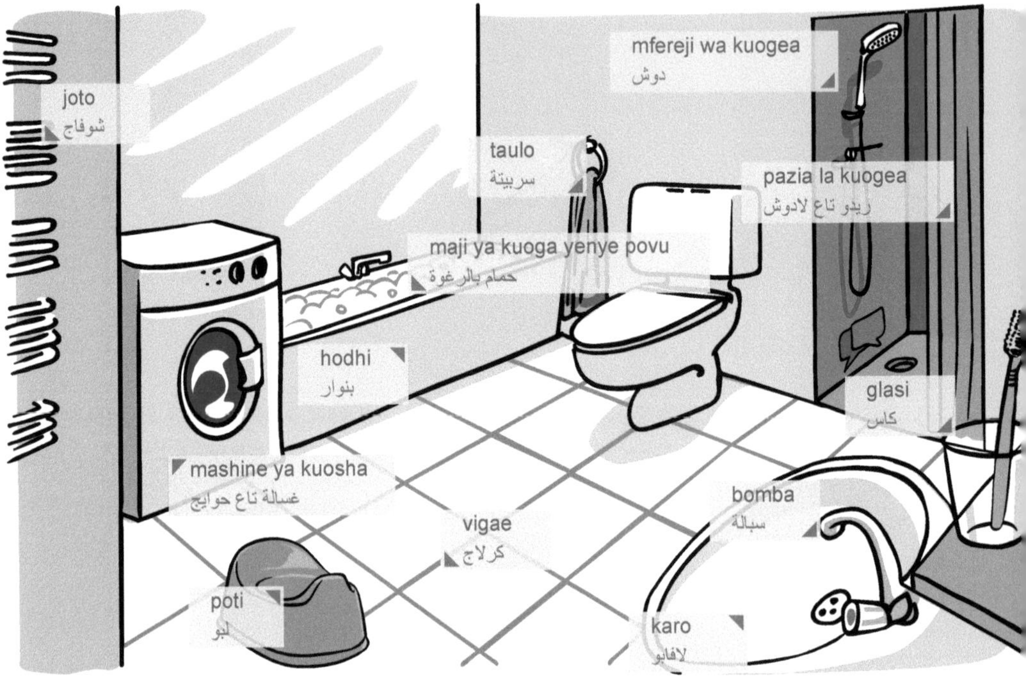

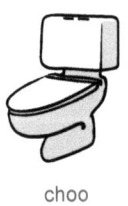

choo

توالات

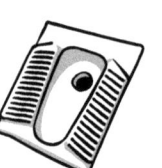

choo cha squat

توالات تركي

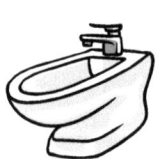

beseni la mviringo

غسال الرجلين

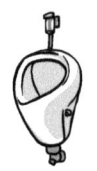

choo cha umma

مبولة

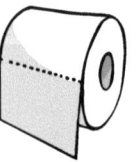

shashi

ورق تاع توالات

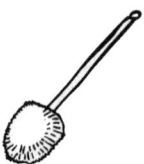

brashi ya choo

بروسة تاع توالات

mswaki

بروسدون

dawa ya meno

دونتفريس

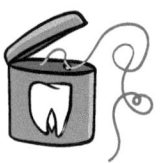

dawa ya meno

خيط السنان

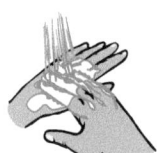

safisha

يغسل

kuoga mkono

دوشات تاع دوش

msukumo wa maji

دوشات

bonde

لافابو

mpako wa pili

بروسا تاع الظهر

sabuni

صابون

jeli ya kuogea

جال دوش

shampuu

شنبوان

flana

الحبل

toa maji

قادوس

krimu

بومادة

kiondoa harufu

ديودورون

kioo

مراية

kioo mkono

مراة صغيرة

kinyozi

رازوار

povu la kunyoa

لاموس

baada ya kunyoa

كولون

kichana

مشطة

brashi

بروسة

kikausha nywele

سشوار

marashi ya nyewele

مثبت الشعر

vipodozi

مكياج

kidomwa

روجالافر

varnish ya msumari

فرني

pamba

قطن

mkasi wa kucha

كوبنغل

manukato

ريحة

mkoba wa kuosha

تروسة تاع حمام

kinyesi

طابوري

mizani

ميزان

nguo ya kuoga

بينوار

glavu za mpira

ليغونات تاع النيتواياج

kisodo

تمبون

sodo

ليبيوند

kemikali choo

توالات

chumba ya mtoto

شمبرا تاع ذراري

saa ya kengele
ريفاي
kidoli cha kupakata
نونورس
gari bandia
لوطو جوي
kelele
الخشخاش
chumba cha midoli
دار تاع بوبيات
sasa
كادو

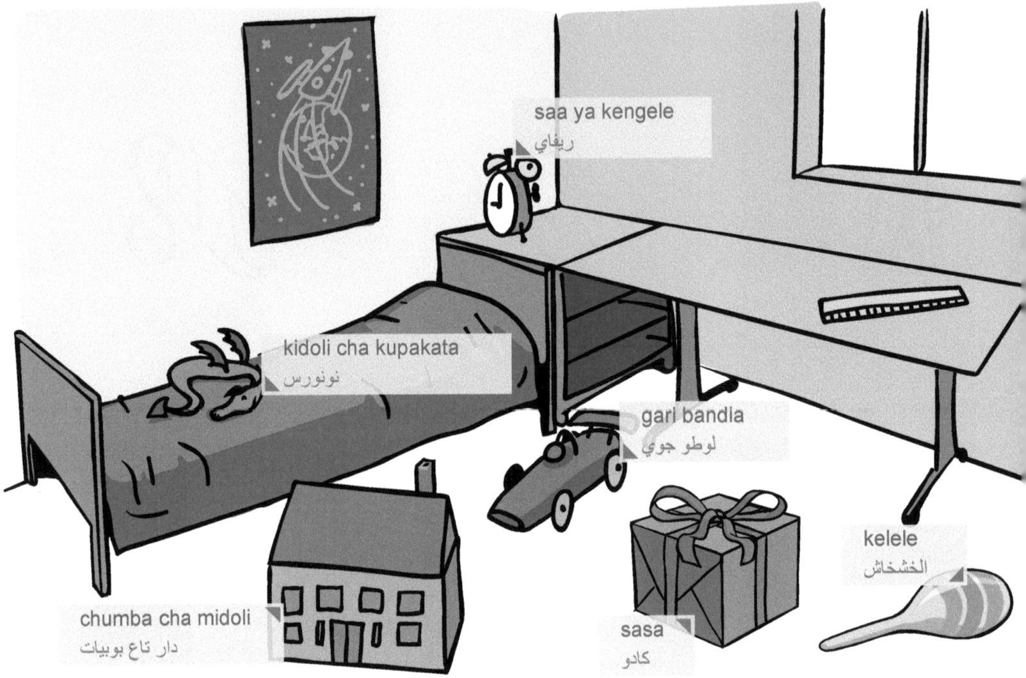

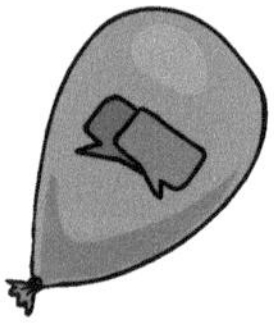

baluni

بالونة / نسافة

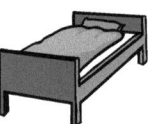

kitanda

ناموسية

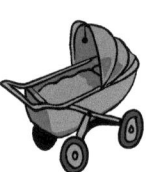

mashua

بوسات

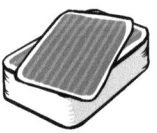

staha ya kadi

الكارطة

mchezo-fumb

البوزيل

SUPER
MEGA

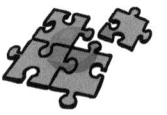

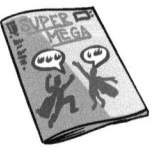

vichekesho

بوند ديسيني

matofali lego

الليغو

vitalu mwigo

حجر يبنوه

hatua takwimu

بوبية

suti ya kulalia

لبسة تاع البيبي

kisahani

فريزي

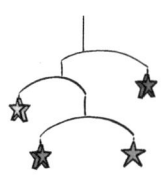

simu

اللهاية

ubao wa michezo

لعبة الطابلة

kete

الدي

garimoshi mwigo

التران

dummy

سوسات

chama

حفلة / الفيشطة

picha kitabu

كتاب بتصاوير

mpira

بالون

kikaragosi

بوبية

kucheza

يلعب

shimo la mchanga

بارك بالرملة

bembea

بنصوار

vitu bandia

جوي

kiweko cha video ya mchezo

منيطا

baiskeli ya magurudumu

بيسكلات

matatu

mwanasesere

دبدوب

kabati

ماريو

nguo

حوايج

soksi

نقاشر

stokingi

ليبا

kibano

كولو

skafu
شال

mwavuli
بريلوي

fulana
تريكو

ukanda
حزام

viatu
بوط

ndara
بنتوفلا

wakufunzi
تينيسيا / سبردينا

malapa

صندالة

viatu

صباط

mabuti ya mpira

بوط بلاستيك

suruali ya ndani

كالسون

sidiria

سوتيان

fulana

حويج تاع داخل

mwili

لاصق على الجسم

suruali

سروال

dangirizi

جين

sketi

جيبا

blauzi

طابلية

shati

قمجة

vuta

تريكو

sweta

قارديقون

bleza

بلازار

jaketi

فيستا

koti

بالطو

koti la mvua

بالطو

maleba

كوستيم

gauni

روبا

mavazi ya harusi

روب بلونش

suti

كوستيم

vazi la usiku

ثوميز دونوي

pajama

بيجاما

sari

ساري

skafu

حجاب

kilemba

عمامة

burka

برقع

kaftan

قفطان

abaya

عباية

vazi la kuogelea

مايو

vazi la kiume la kuogelea

سروال تاع عوم

kaptura

ثورت

teitei

لبسة تاع سبور

aproni

طابلية

glavu

ليقونات

kifungo

قفلة

glasi

نواظر

bangili

براسلي

mkufu

سنسلة

pete

خاتم

herini

منقوش

kofia

بوني

kiango cha koti

سانتر

kofia

شابو

tai

قرافاطة

zipu

غيمة

kofia

كاسك

kanda za suruali

بروتال

sare za shule

اللبة تاع ليكول

sare

لينيفورم

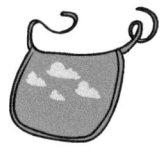

bibu

رياقة

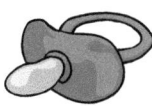

dummy

سوسات

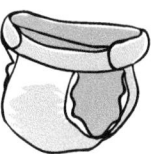

nepi

ليكوش

ofisi

بيرو

seva
سارفر
kabati la kuweka faili
خزانة تاع الملفات
kichapishaji
امبريمانت
karatasi
ورقة
kiwambo
ليكرون
kipanya
لاسوري
dawati
بيرو
folda
كلاسور
kibodi
كلافيي
u cha kuweka karatasi chafu
kiti
كرسي
kompyuta
اورديناتور

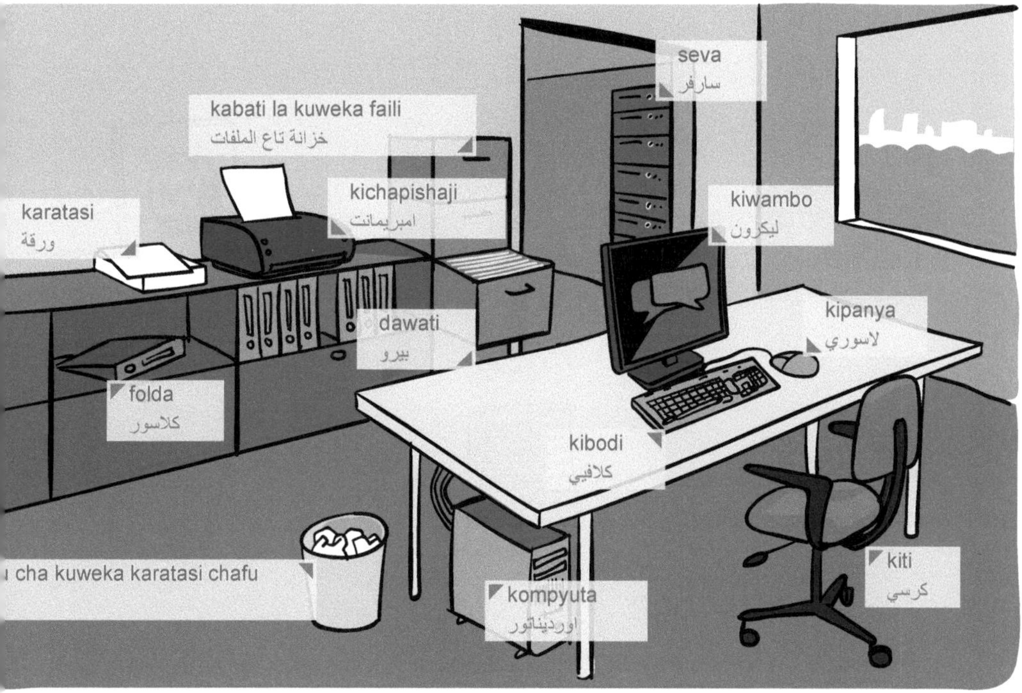

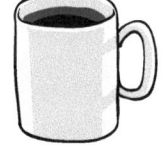

kmobe la kahawa

كاس قهوة

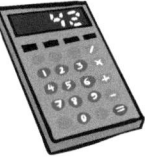

kikokotoo

كاكولاتريس

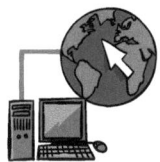

biashara

لانترنت

mbali

اورديناتور

barua

برية

ujumbe

ميساج

rununu

بورطابل

intaneti

ريزو

fotokopia

فوطوكوبي

programu

لوجسيال

simu

تيلفون

soketi

بريزة

kipepesi

فاكس

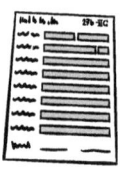

fomu

استمارة

hati

وثيقة

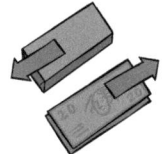

kununua

يشري

kulipa

يخلص

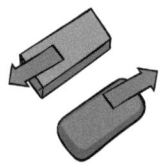

biashara

يتاجر

fedha

دراهم

dola

دولار

yuro

اورو

yeni

ين

rouble

روبل

faranga ya Uswisi

فرنك سويسري

renminbi yuan

يوان

rupia

روبية

eneo la kulipia

ديستريبيتور

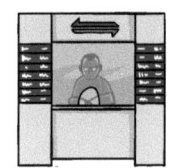

ofisi ya ubadilishanaji

بيرة تاع الصرف

dhahabu

ذهب

fedha

فضة

mafuta

نفط

nishati

طاقة

bei

السومة

mkataba

عقد

kodi

طاكس

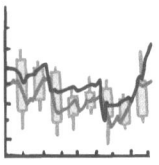

bidhaa

سهم

kazi

يخدم

mfanyakazi

خدام

mwajiri

مول الشي

kiwanda

وزين

duka

حانوت

kazi
الخدمة

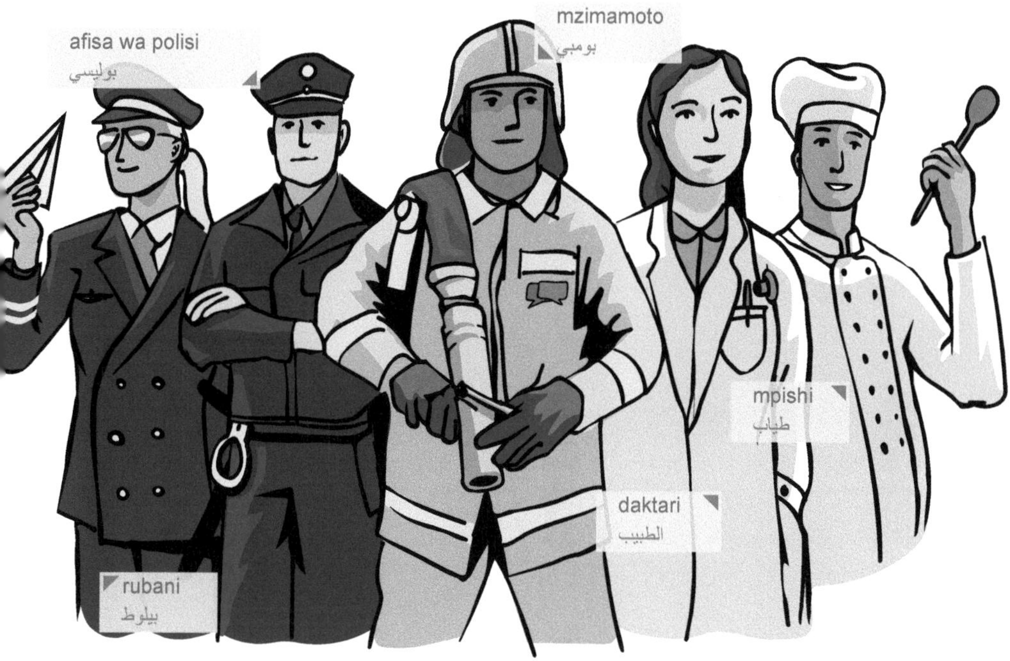
mzimamoto
بومبي
afisa wa polisi
بوليسي
mpishi
طباخ
daktari
الطبيب
rubani
بيلوط

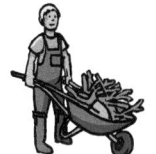

mtunza bustani
....
جرديني

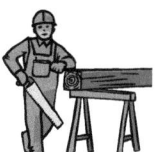

seremala
....
نجار

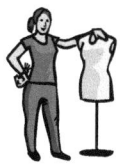

mshonaji
....
خياط

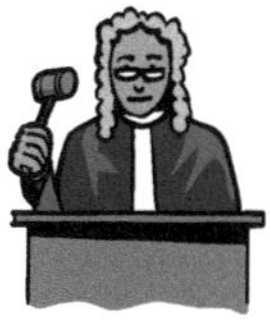

hakimu
....
قاضي

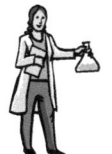

mwanakemia
....
شيميك

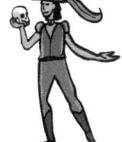

muigizaji
....
ممثل

dereva wa basi

شوفير

dereva wa teksi

طاكسيور

mvuvi

صياد

mwanamke wa kusafisha

خدامة

mwezekaji

ماصو تاع الصقف

mhudumu

سارفور

mwindaji

صياد

mchoraji

بنتار

mwokaji

خباز

umeme

الكتريسيان

mjenzi

ماصون

mhandisi

مهندس

mchinjaji

بوشي

fundi bomba

بلومبي

mwanaposta

فاكتور

mwanajeshi

جندي

msanifu majengo

ارشيتكت

keshia

كاسيي

muuza maua

بياع اورد

msusi

كوافير

kondakta

الكنترول

mekanika

ميكانيسيان

nahodha

كابيتان

daktari wa meno

طبيب سنان

mwanasayansi

عالم

rabbi

حاخام

imamu

امام

mtawa

موان

kasisi

موان

zana
ليزوتي

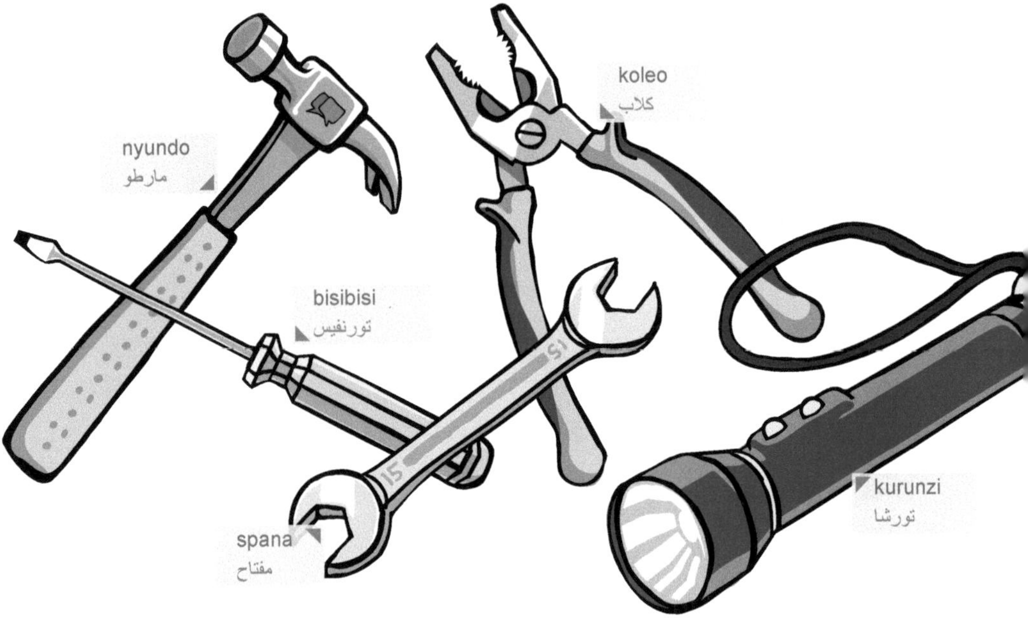
nyundo
مارطو
koleo
كلاب
bisibisi
تورنفيس
spana
مفتاح
kurunzi
تورشا

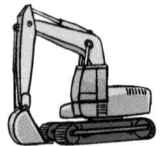

mchimbaji

جرافة

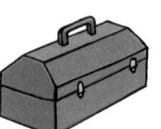

sanduku la vifaa

قايصة نتاع ليزوتي

ngazi

سلوم

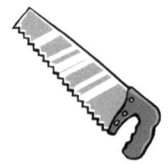

msumeno

منشار

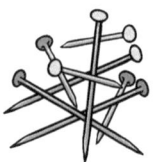

misumari

مسامير

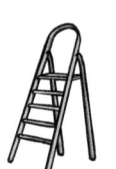

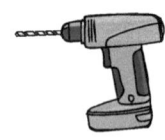

kuchimba visima

برسوز

kukarabati

يصنع

sepetu

البالة

Lo!

ياويلي

kishikio cha uchafu

بالا

chungu cha rangi

بو تاع بنتورة

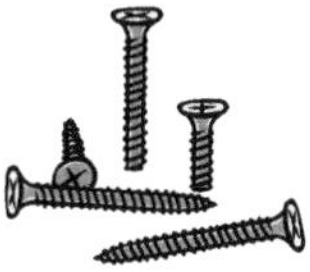

skurubu

ليفيس

ala za muziki
آلات موسيقية

mpangilio wa ngoma
آلات الإيقاع

spika
مكبر الصوت

gita
غيتارة

besi mara mbili
كمان أجهر

tarumbeta
بوق

piano

بيانو

fidla

كمنجة

ubeji

جهير

timpani

طبل كبير

ngoma

طبل

kibodi

بيانو كهرباني

saksafoni

ساكسوفون

filimbi

ناي

maikrofoni

ميكروفون

bustani ya wanyama

حديقة حيوانات

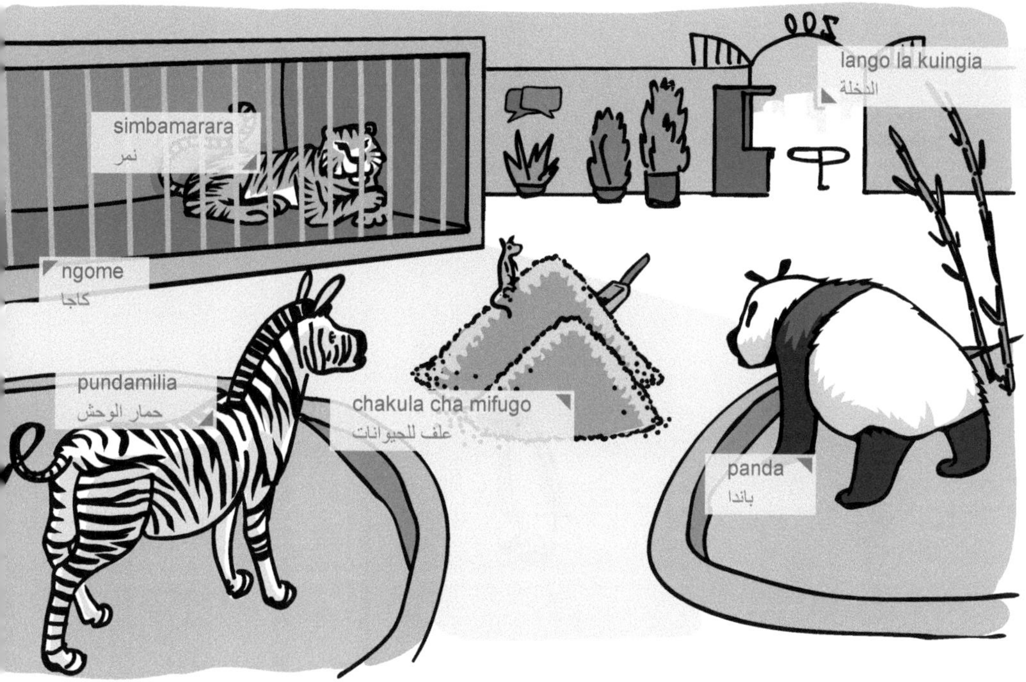

lango la kuingia
الدخلة
simbamarara
نمر
ngome
كاجا
pundamilia
حمار الوحش
chakula cha mifugo
علف للحيوانات
panda
باندا

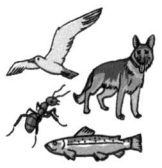

wanyama

حيوانات

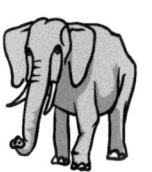

tembo

فيل

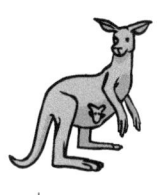

kangaruu

كنغر

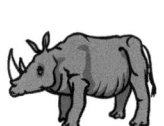

kifaru

وحيد القرن

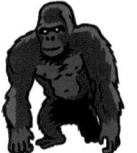

sokwe

غوريلا

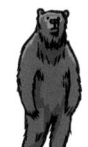

dubu

دب

ngamia

جمل

mbuni

نعامة

simba

سبع

tumbili

نشيطا

heroe

فلامونغوز

kasuku

بيروكي

dubu

دب قطبي

penguini

بطريق

papa

سمك القرش

tausi

طاووس

nyoka

لفعة

mamba

تمساح

mtunza wanyama

عساس في حديقة الحيوان

muhuri

عجل البحر

jaguar

نمر أمريكي مرقط

mwanafarasi

فرس قزم

chui

نمر

kiboko

فرس النهر

twiga

زرافة

tai

نسر

nguruwe mwitu

حلوف

samaki

حوت

kobe

فكرون

sili

حيوان فظ البحري

mbweha

ثعلب

paa

غزال

soka ya marekani
بالون اميريكا

uendeshaji baiskeli
الركبة تاع البيسكلت

tenisi
تينيس

mpira wa kikapu
باسكات

kuogelea
العوم

ndondi
بوكس

magongo ya barafuni
هوكي

soka
بالون

vinyoya
الريشة الطائرة

riadha
اتلاتيزم

mpira wa mikono
الهوند

skii
سكي

polo
بولو

shughuli
نشطات

cheka
يضحك
kuruka
ينقز
kumbatia
يعنق
kutembea
يمشي
kuimba
يغني
ota ndoto
ينوم
kuomba
يصلي
busu
يبوس

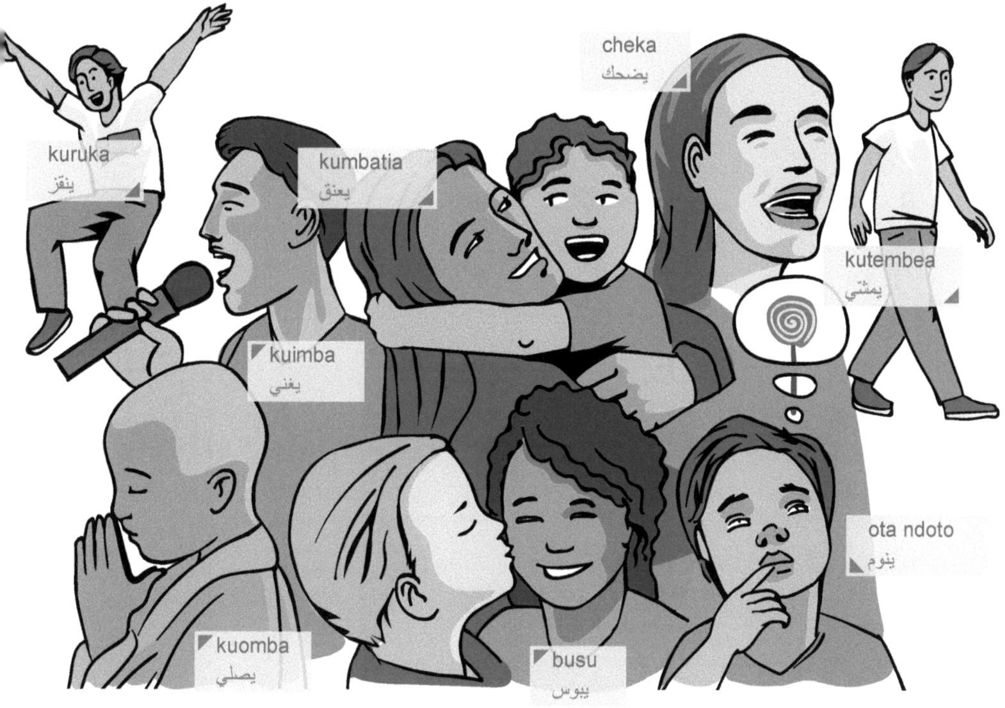

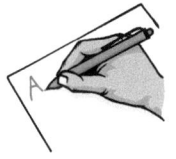

kuandika
يكتب

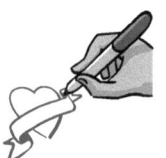

kuteka
يرسم

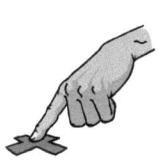

angalia
يوري

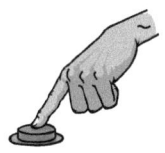

sukuma
يدمر

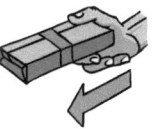

kutoa
يعطي

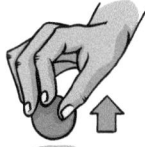

kuchukua
يدي

kuwa

يملك

fanya

يخدم

kuwa

كاين

kusimama

يوقف

kukimbia

يجري

vuta

يجبد

kutupa

يقيس / يرمي

kuanguka

يطيح

hadaa

يتكسل

kusubiri

يشّوف

kubeba

يرفد

kukaa

يقعد

vaa nguo

يلبس

usingizi

يرقد

kuamka

ينوظ

kuangalia

يَشُوف في

lia

يبكى

kiharusi

يحك

chana nywele

يمشّط

ongea

يهدر

kuelewa

يفهم

kuuliza

يسْقسى

kusikiliza

يسمع

kunywa

يشْرب

kula

ياكل

nadhifisha

يخمل

upendo

يبغى

mpishi

يطيب

gari

يصوق

kuruka

يطير

meli

ييحر بالفلوكة

kokotoa

يحسب

kusoma

يقرا

kujifunza

يتعلم

kazi

يخدم

kuoa

يتزوج

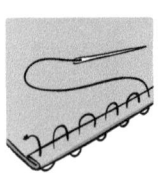

kushona

يخيط

piga mswaki

يغسل سنانو

kuua

يكتل

moshi

يكمي

kutuma

يرسل

bibi
الجدة

babu
الجد

baba
الاب

mama
ام

mtoto
الذري

binti
البنت

bin
الولد

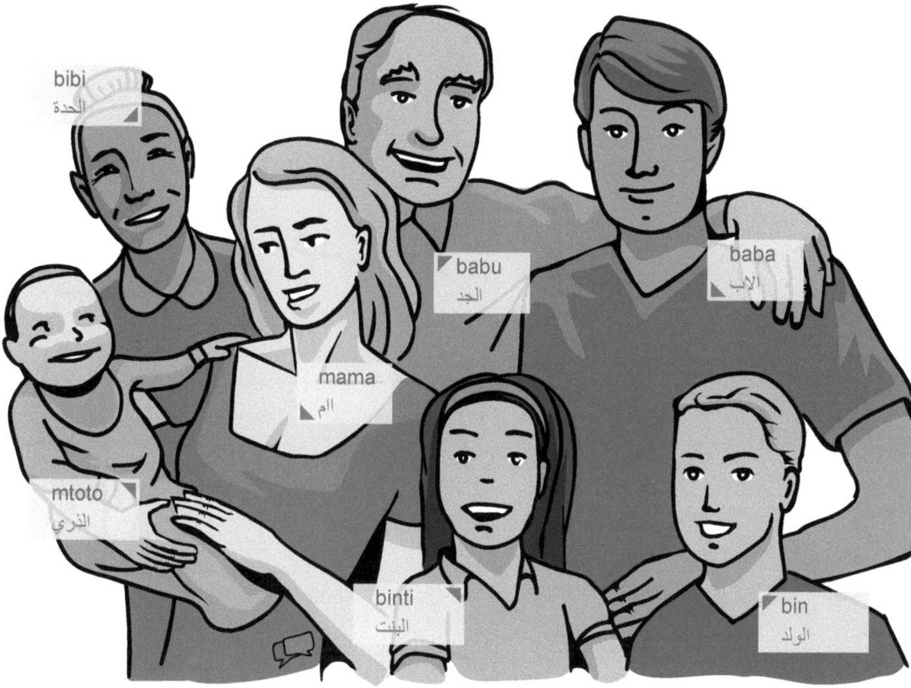

mgeni

ضيف

shangazi

العمة / الخالة

mjomba

العم / الخال

kaka

الخو

dada

الخت

mwili

الجسم

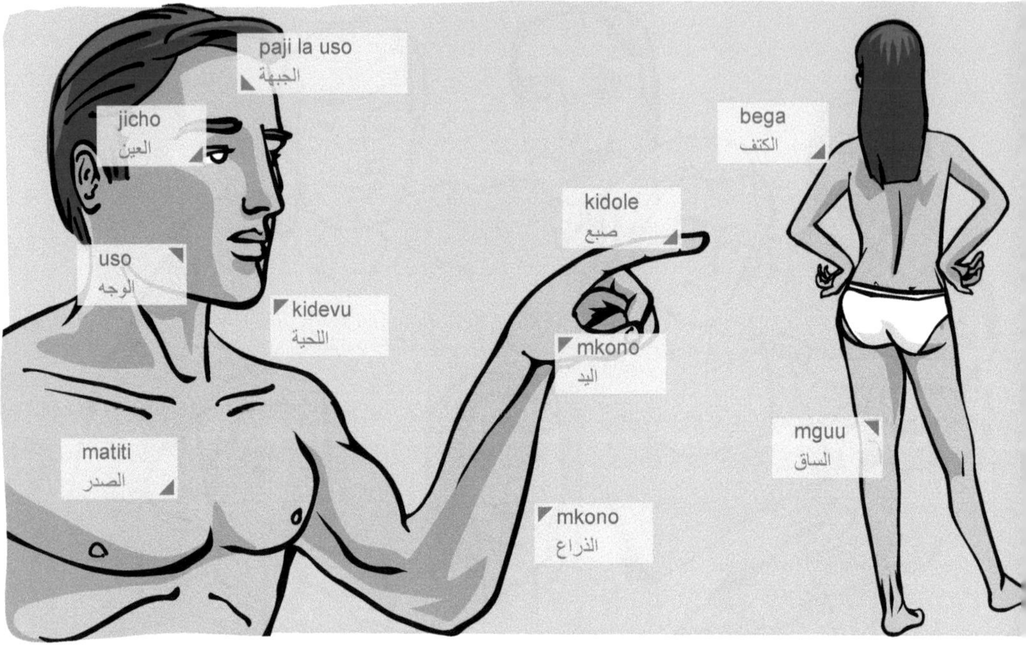
paji la uso
الجبهة
jicho
العين
uso
الوجه
kidevu
اللحية
kidole
صبع
mkono
اليد
bega
الكتف
mguu
الساق
matiti
الصدر
mkono
الذراع

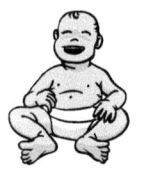

mtoto

الذري

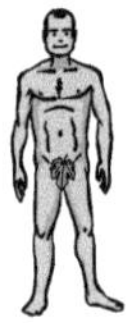

mwanamume

الراجل

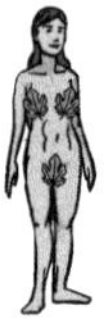

mwanamke

المرا

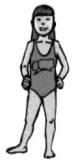

msichana

الشيرة، الطفلة

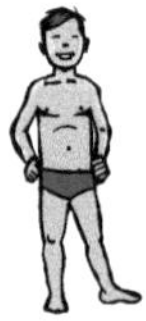

mvulana

الشير

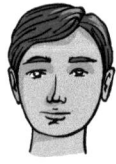

kichwa

الراس

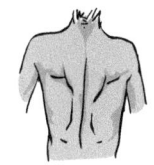

nyuma

ظهر

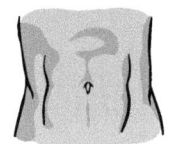

tumbo

الكرش

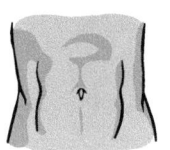

kitovu

السرة

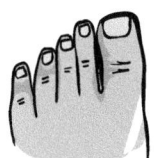

chano

صبع

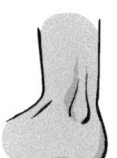

kisigino

طالون

mfupa

العظم

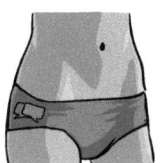

nyonga

المرادف

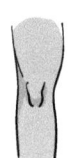

goti

الركبة

kiwiko

لمرفغ

pua

نيف

chini

مصاصيط

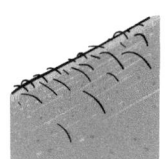

ngozi

البشرة

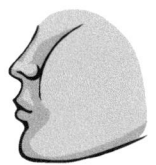

shavu

الحنوك

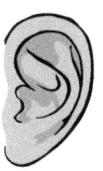

sikio

لودن

mdomo

شورب

kinywa

الفم

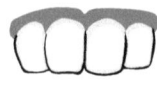

jino

السنة

ulimi

اللسان

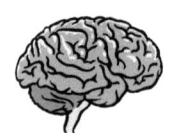

ubongo

الدماغ

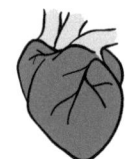

moyo

القلب

misuli

العضلة

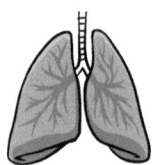

pafu

الرية

ini

الكبدة

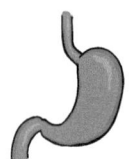

tumbo

ماطوسل

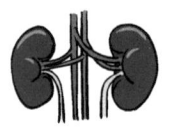

figo

كلوى

jinsia

رابور

kondomu

فيتفراريزب

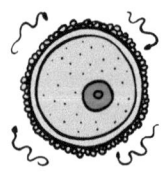

ovari

البويضة

shahawa

مريس

mimba

شركلب

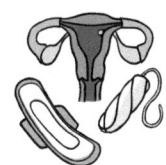

hedhi

ليراغل

uke

المهبل

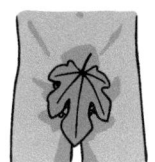

uume

المذاكر

unyusi

الحاجب

nywele

الشعر

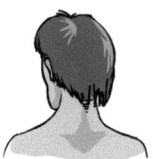

shingo

رقبة

hospitali

سبيطار

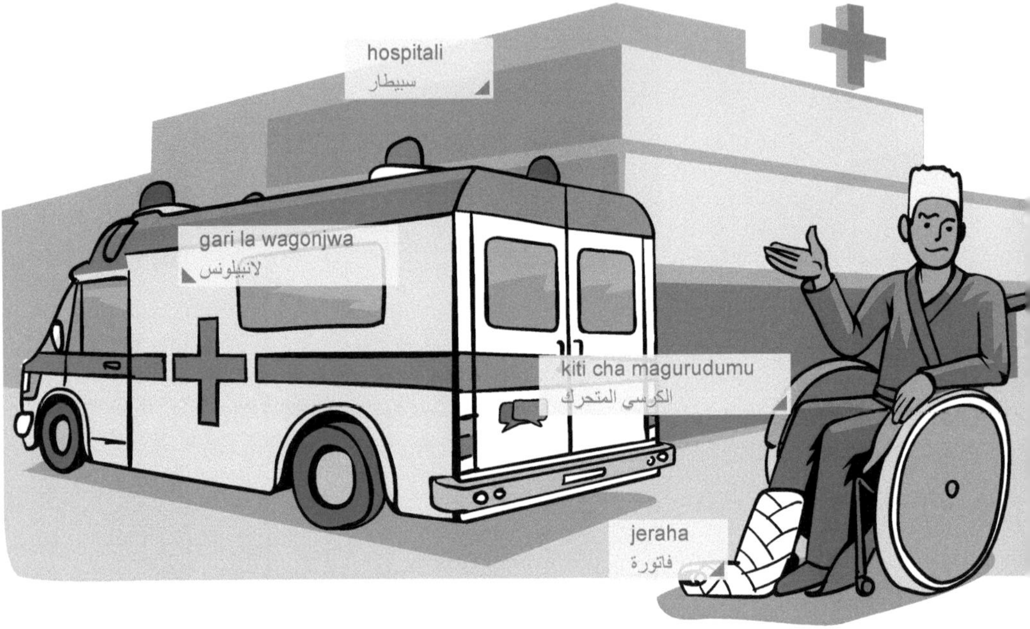

hospitali
سبيطار
gari la wagonjwa
لانبيلونس
kiti cha magurudumu
الكرسي المتحرك
jeraha
فاتورة

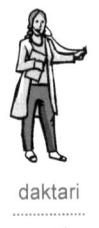

daktari

الطبيب

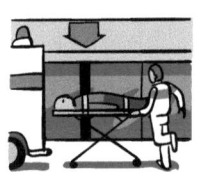

chumba cha dharura

ليزيرجونس

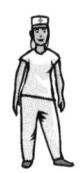

muuguzi

الممرضة

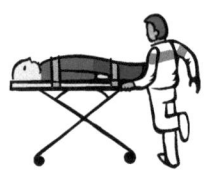

dharura

ليرجونس

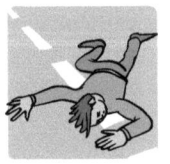

kupoteza fahamu

تغاشى

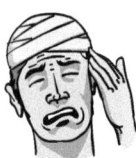

maumivu

الوجع

kuumia

الجرح

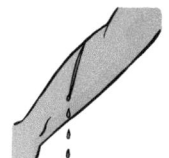

kutokwa na damu

يسل الدم

mshtuko wa moyo

القلب

kiharusi

لافيسي

mzio

لالرجي

kikohozi

الكحة

homa

الحمة

mafua

لاقريب

kuharisha

الاسهال

maumivu ya kichwa

ميغران

kansa

السرطان

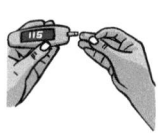

ugonjwa wa kisukari

السكر

daktari mpasuaji

الجراح

kisu kidogo cha kupasulia

مبضع

operesheni

عملية تاع القلب

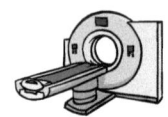

picha changanufu ya mwili

لاسيتي

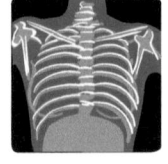

Eksrei

الراديو

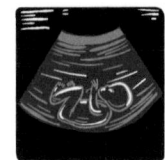

mawimbi sauti

لولتخازون

barakoa ya uso

لماسك

ugonjwa

المرض

chumba cha kusubiri

وين يقارعو

mkongojo

العكاز

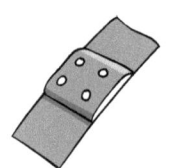

plasta

سكوتش

bendeji

لبانسما

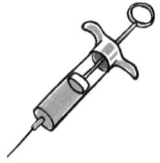

sindano

لبرة

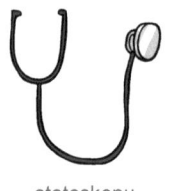

stetoskopu

السماعة تاع الطبيب

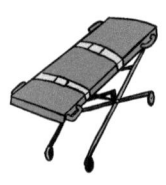

machela

نقالة

kipimajoto cha kliniki

لوزنو بيه الحمة

kuzaliwa

زيادة

unene kupita kiasi

السمونية

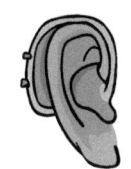

kusikia misaada

جهاز السمع

kipukusi

المعقم

maambukizi

لنفكسون

virusi

الفيروس

VVU / UKIMWI

السيدا

dawa

الدوا

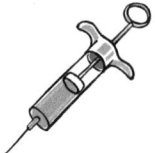

chanjo

الفاكسان

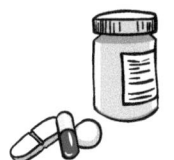

vidonge

الدوا حب

kidonge

بيلولة

simu ya dharura

يعيط للنجدة

haemodainamometa

الجهاز ليقيسو بيه الدم

mgonjwa / mwenye afya

مريض / صحيح

kengele

لالارم

pigo

يبتعدا

Msaada!

سلكوني

shambulizi

يهجم

hatari

دونجي

lango la dharura

مخرج الطوارئ

Moto!

النار شاعلة

kizima moto

لكستانتور

ajali

اكسيدون

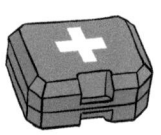

vifaa vya huduma ya kwanza

فيزة تاع الاسعاف الاولي

wito wa msaada

سلكونا

polisi

لابوليس

Ulaya

أوروبا

Amerika ya Kaskazini

أمريكا الشمالية

Amerika ya Kusini

أمريكا الجنوبية

Afrika

أفريقيا

Asia

آسيا

Australia

أستراليا

Atlantiki

المحيط الأطلسي

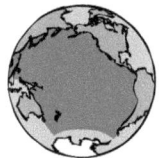

Pasifiki

المحيط الهادي

Bahari ya Hindi

المحيط الهندي

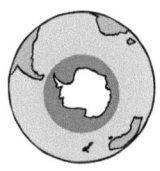

Bahari ya Antaktiki

المحيط المتجمد الجنوبي

Bahari ya Aktiki

المحيط المتجمد الشمالي

Ncha ya Kaskazini

القطب الشمالي

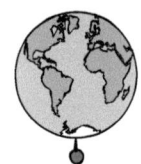

Ncha ya Kusini

القطب الجنوبي

Antaktika

منطقة القطب الجنوبي

dunia

أرض

nchi

بلاد

bahari

بحر

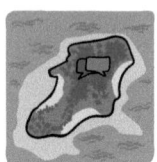

kisiwa

جزيرة

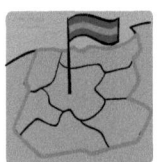

taifa

امة

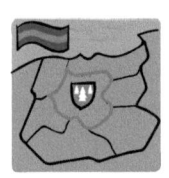

jimbo

دولة

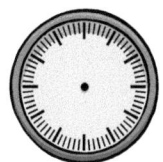

uso wa saa

ميناء الساعة

akrabu ya saa

عقرب الساعات

akrabu ya dakika

عقرب الدقائق

akrabu ya sekunde

عقرب الثواني

Ni saa ngapi?

شعال راها الساعة؟

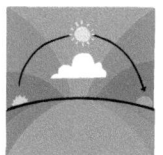

siku

يوم

wakati

زمن

sasa

دروك

saa ya dijitali

ساعة رقمية

dakika

دقيقة

saa

ساعة

Jumatatu
لثنين
MO

Jumatano
لاربعا
W

Ijumaa
الجمعة
FR

TU

TH

SA

Jumamosi
السبت

Jumanne
الثلاثة

Alhamisi
لخميس

SO

Jumapili
الحد

jana

لبارح

leo

اليوم

kesho

غدوا

asubuhi

صباح

saa sita mchana

القايلة

jioni

العشية

siku za biashara

يامات الخدمة

mwishoni mwa wiki

ويكاند

mwaka
العام

upinde wa mvua
قوس قزح
mvua
النو
theluji
ثلج
upepo
الريح
majira ya machipuko
الربيع
vuli
الخريف
kiangazi
الصيف
majira ya baridi
الشتا

4.APRIL 11°
5.APRIL 4°
6.APRIL 13°
7.APRIL 8°
8.APRIL 10°

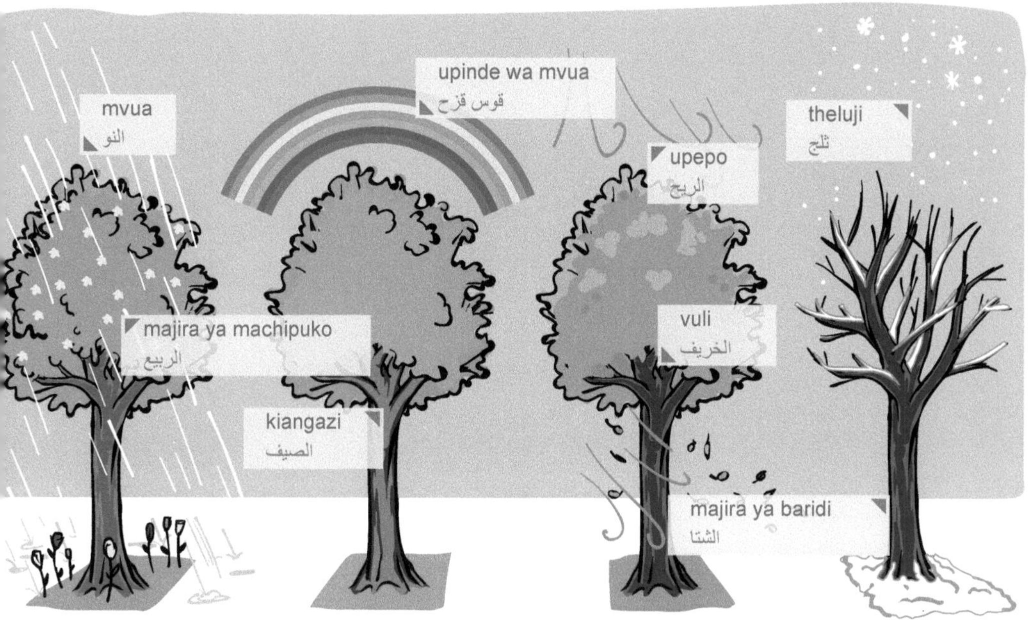

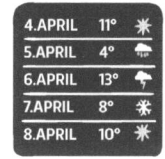

utabiri wa hali ya hewa
....
يتنبأ بالحال

F C
120 40
90 30
60 20
30 10
0 0
-30 -10
-20

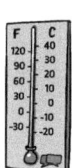

kipimajoto
....
مقياس حرارة

mwanga wa jua
....
ضوء الشمس

wingu
....
سحابة

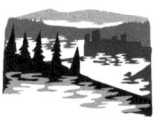

ukungu
....
ضباب

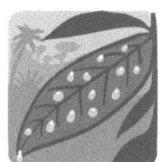

unyevu
....
ميديتي

umeme

برق

radi

رعد

dhoruba

عاصفة

mvua ya mawe

بَرَد

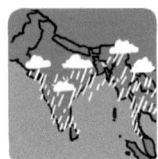

monsuni

ريح

mafuriko

طوفان

barafu

جليد

Januari

جانفي

Februari

فيفري

Machi

مارس

Aprili

افريل

Mei

ماي

Juni

جوان

Julai

جويلية

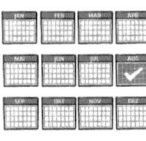

Agosti

اوت

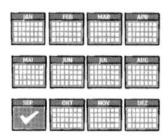

Septemba

سبتمبر

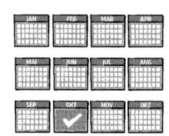

Oktoba

اكتوبر

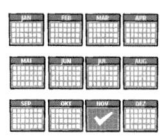

Novemba

نوفمبر

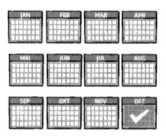

Desemba

ديسمبر

maumbo

فورما

mduara

دويرة

mraba

مربع

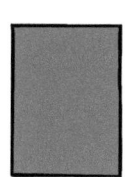

mstatili

مستطيل

pembetatu

مثلث

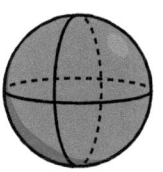

nyanja

كويرة

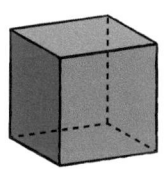

mchemraba

مكعب

nyeupe

بيض

manjano

صفر

chungwa

نَثيني

rangi ya waridi

روز

nyekundu

حمر

hudhurungi

حلحالي

bluu

زرق

kijani

خظر

hanja

قهوي

jivujivu

قري

nyeusi

كحل

mengi / kidogo

بزاف / شوية

hasira / pole

زعفان / مكالمي

nzuri / mbaya

شباب / مشي شباب

mwanzo / mwisho

البدية / التالي

kubwa / ndogo

كبير / صغير

angavu / giza

فاتح / فونسي

kaka / dada

خو / خت

safi / chafu

نقي / موسخ

kamilika / tokamilika

كامل / ناقص

siku / usiku

نهار / اليل

wafu / hai

ميت / حي

pana / nyembamba

عريض / ضيق

kulika / kutolika

يقدو ياكلوه / ميقدروش ياكلوه

ovu / ema

شرير / ناس ملاح

sisimkwa / udhika

يثير / يمل

nene / nyembamba

سمين / رقيق

kwanza / mwisho

اللولا / التالية

rafiki / adui

الصاحب / لعدو

jaa / tupu

معمر / فارغ

ngumu / laini

قاصح / سويل

nzito / nyepesi

ثقيل / خفيف

njaa / kiu

جوع / عطش

mgonjwa / mwenye afya

مريض / صحيح

haramu / kisheria

غير شرعي / شرعي

akili / kijinga

ذكي / مبقول

kushoto / kulia

يسار / يمين

karibu / mbali

قريب / بعيد

mpya / kutumika

جديد / مستعمل

kitu / jambo

مكانش / شوية

zee / changa

شيباني / شاب

waka / zima

يشعل / يطفئ

wazi / fungwa

محلول / مبلع

utulivu / kelele

بشوية / بلفور

tajiri / masikini

مرفح / زوالي

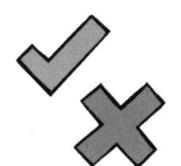

sahihi / kosa

نيشان / خاطيء

mbaya / laini

حرش / رطب

huzunika / furahia

زعفان / فرحان

fupi /ndefu

قصير / طويل

polepole / haraka

بشوية / بلخف

nyevu / kavu

مثمخ / ناشف

joto / baridi

حامي / بارد

vita / amani

القيرة / لامان

0

sufuri

صفر

1

moja

واحد

2

mbili

زوج

3

tatu

ثلاثة

4

nne

ربعة

5

tano

خمسة

6

sita

ستة

7

saba

سبعة

8

nane

ثمانية

9

tisa

تسعة

10

kumi

عشرة

11

kumi na moja

حداعش

12

kumi na mbili

ثناعش

13

kumi na tatu

تلطاعش

14

kumi na nne

رباطاعش

15

kumi na tano

خمسطاعش

16

kumi na sita

سطاعش

17

kumi na saba

سبعطتعش

18

kumi na nane

ثمنطاعش

19

kumi na tisa

تساعطاش

20

ishirini

عشرون

100

mia

مية

1.000

elfu

ألف

1.000.000

milioni

مليون

Kiingereza

انقلي

Kiingereza cha Marekani

انغلي تاع مريكان

Kimandarini cha Uchina

لغة الشنوية

Kihindi

الهندية

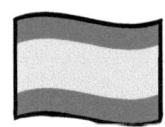

Kihispania

سبنيولية

Kifaransa

الفرونسي

Kiarabu

العربية

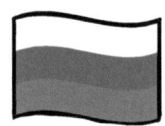

Kirusi

الروسية

Kireno

البوتغالية

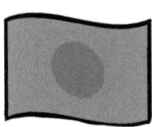

Kibengali

البنغالية

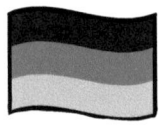

Kijerumani

لالمنية

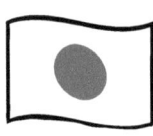

Kijapani

الجابونية

mimi

انا

wewe

نتا

yeye / yeye / ni

هو

sisi

حنايا

wewe

نتوما

wao

هوما

nani?

شكون

nini?

واش

jinsi gani?

كيفاش

wapi?

وين

lini?

وقتاش

jina

الاسم

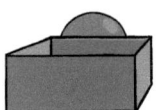

nyuma

مرول

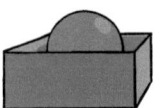

katika

في

mbele ya

قدام

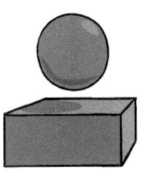

juu ya

فوق

kwenye

على

chini ya

تحت

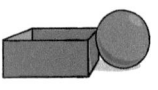

kando

حدا

kati

بين

mahali

بلاصة